Kerstin Kipker (Hrsg.)
*Weihnacht auf Erden*
Die schönsten Krippenspiele

Kerstin Kipker (Hrsg.)

# Weihnacht auf Erden

## Die schönsten Krippenspiele

Mit Bildern von Anne Ebert

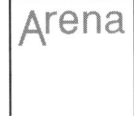

**In neuer Rechtschreibung**

1. Auflage 1999
© 1999 by Arena Verlag GmbH, Würzburg
Alle Rechte vorbehalten
Quellenhinweise am Schluss des Buches
Einband und Illustrationen: Anne Ebert
Gesamtherstellung: Westermann Druck Zwickau GmbH
ISBN 3-401-04965-8

# Inhalt

# Herbergssuche

Klassische Krippenspiele

# Kleines Krippenspiel

**Über dieses Stück:** Dieses kleine Krippenspiel eignet sich schon für Kindergartenkinder. Sein Vorteil ist, dass die Kinder selbst keinen Text auswendig lernen müssen. Ein Erwachsener oder auch ein schon größeres Kind wird den Text vorlesen oder – noch besser – auswendig aufsagen und die Kinder spielen jeweils dazu.

Die Aufführung dieses Krippenspiels dauert fünf bis zehn Minuten.

**Personen:** Sprecher
Hirten
Schafe
Engel
Maria
Josef

**Hinweis:** Bei diesem Stück können zwischen sieben und 20 Mitspieler dabei sein. Unter Umständen können die einzelnen Strophen von verschiedenen Sprechern vorgetragen werden.

Dunkel ist es auf der Welt
und die Nacht ist eisig kalt.
Hirten stehen auf dem Feld
inmitten ihrer kleinen Herde,
warten, dass es Morgen werde,
doch der kommt noch nicht so bald.

*Einige Hirten treten mit ihren Schafen auf und bauen sich ein Lager.*

Schafe drängen dicht bei dicht,
dass der Wind sie nicht erwische,
und man sieht nur Sternenlicht.
Hirten sitzen um die Glut
und sie achten darauf gut,
dass das Feuer nicht erlische.

*Schafe kommen hinzu. Die Hirten setzen sich um das Feuer.*

Ganz alleine sind sie nun,
einer steht nur und muss wachen
und die andern können ruhn,
können Schafsmilch weitergeben
oder sich dem Schlaf ergeben
oder andre Dinge machen . . .

*Einer der Hirten stellt sich auf und geht einige Schritte zur Seite, die anderen reichen ein Schälchen mit Milch herum und legen sich dann zum Schlafen.*

Da hellt sich das Dunkel,
fast scheint es zu tagen,
die Hirten, sie heben
den Kopf aus dem Kragen
und wundern sich mächtig
über das Licht –
und was sie dort sehen,
sie glauben's fast nicht.

*Die Engel treten langsam und würdevoll näher.*

Denn voll Engel steht die Luft
und man hört sie alle singen
und sie hören, wie es ruft:
»Hirten, ihr seid auserkoren:
Christkind ist euch heut geboren!«
Hörn sie es vom Himmel klingen.

*Nun werden gleich die Hirten zu Boden fallen und sich dann
ganz allmählich wieder aufrichten.*

Auf den Bauch und auf die Knie
fallen alle Hirten nieder.
Erst zittern, doch dann jubeln sie
und dann eilen sie voll Freude
zu dem ärmlichen Gebäude –
alle Hirten, alle Brüder . . .

*Die Hirten eilen davon. Die Krippe wird aufgebaut. Sie steht
schon in der Nähe und so ist die Sprechpause nicht sehr
lang. Notfalls helfen Erwachsene beim Aufbauen.*

Und in einer Krippe liegt
dort der kleine Gottessohn,
von Marien warm gewiegt.
Joseph steht zu ihrer Seite,
Ochs und Esel, alle beide,
sind in seiner Nähe schon.
Da beten die Hirten
und werden ganz stille
und rücken ganz nah
heran an die Fülle.
Sie haben Geschenke,
sie geben dem Kind,

obwohl sie doch nur
arme Schafhirten sind.

*Die Hirten geben Schaffelle, Schälchen mit Milch und was
sie eben bei sich haben als Geschenk dahin.*

Maria schaut sie freundlich an
und die Hirten gehen wieder,
weil die Herd nicht warten kann.
Nicht alleine warn die Schafe,
Engel haben sie bewacht.
In der ersten Heilig-Nacht
hüteten sie die Schaf im Schlafe.

Als das Lager sie erreichen,
scheint es ihnen wie ein Traum,
doch sie finden viele Zeichen,
dass es wirklich ist gewesen,
was sie in der Nacht erlebten,
dass vor Freude sie erbebten,
und sie glauben's dennoch kaum.

Lorenz Wieland

# Großes Krippenspiel

**Über dieses Stück:** Die Suche von Maria und Josef nach einer Herberge und die Geburt des Jesuskindes stehen auch im Zentrum dieses Krippenspiels, das sich für Schulkinder gut eignet. Die drei Bettler, die am Anfang und am Ende des Stückes das Geschehen kommentieren, sorgen dabei, nicht zuletzt durch ihre Mundart, für ein auflockerndes Element.

Die Aufführung dieses Krippenspiels dauert etwa 25 – 30 Minuten.

**Proben:** Erfahrungsgemäß benötigt man etwa zehn bis zwölf Proben von etwa anderthalb Stunden. Dazu muss aber nicht immer die ganze Gruppe anwesend sein. Mit weniger Kindern erreicht man in kürzerer Zeit mehr.

**Die Bühne:** Für dieses Krippenspiel braucht man keine besondere Bühne – es genügt ein freier Platz. Der sollte aber mindestens 4 m mal 6 m groß sein.
Es müssen für alle Mitspieler außer für die Darsteller der Bettler genügend Sitzgelegenheiten vorhanden sein. Das können Bierbänke, aber auch kleine Stühle aus dem Kindergarten sein, die man sich für diesen Zweck ausleiht.
Als Beleuchtung kann man auch eine Vielzahl von Kerzen anzünden, die kreisförmig um die Szene oder an verschiedenen Säulen (auch auf Holzklötzen) aufgestellt werden.

**Kostüme und Requisiten:** Obwohl dieses Spiel von der Ausstattung her recht unaufwändig ist, kann man natürlich auch hier beträchtlich mehr Arbeit investieren: Da sind Kleider für die Engel zu nähen – am besten mit einem Goldrand an Saum und Ärmel und einem Reif aus goldener Metallfolie um den Kopf, die sich mit zwei Büroklammern größer oder kleiner stellen lassen.

Sicher gibt es aber im Kreis der Eltern solche, die sich freuen und gerne bei den Vorbereitungen helfen. Wenn man eine Krippe nicht selber zimmert, kann man sie sich ausleihen und ein paar Holzscheite für das Lagerfeuer der Hirten kann man sicher einige der Kinder von zu Hause mitbringen lassen.

Wichtigstes Requisit für dieses Krippenspiel ist der große Fünfstern, den der Sternträger an einer langen Stange mit sich führt. Der Fünfstern ist aus einer 2–5 mm dicken Holzplatte gesägt, mit Goldfolie beklebt und an einem langen Stab (Besenstiel, gibt's im Haushaltswarengeschäft) befestigt. Wie der Name schon sagt, besteht der Fünfstern aus einem Stern, der fünf Zacken hat. Man nennt diesen Stern auch Pentagramm.

Besonders schön anzusehen – und für das Ende dieses Spieles wichtig – sind die langen Strahlen des Sterns: An einem am oberen Teil des Stabes befestigten Kreis aus Holz oder Metall (Deckel einer Keksdose) hängt in langen Streifen Goldband herunter. Beim Abschlusslied fasst jeder, der um die Krippe steht, einen Strahl und auf diese Weise entsteht ein wunderschönes Strahlenzelt!

Es ist für die Aufführung von Vorteil, wenn die Bettler in einer Mundart sprechen – dies unterscheidet sie von allen anderen Rollen und hebt sie deutlich von den anderen Spielern ab. In unserem Falle ist es ein schwäbischer Dialekt – aber sicher gelingt es dem Spielleiter in Zusammenarbeit mit den Kindern auch, die Texte der Bettler in die Zungenfärbung der eigenen Region zu übertragen.

Josef braucht ein langes braunes Gewand und eine violettfarbene Schärpe. In einer Hand trägt er einen langen Stab. Falls vorhanden, hält er in seiner anderen Hand eine Petroleumlampe. Maria benötigt unbedingt ein rotes Kleid und einen blauen Umhang.

Für die Bettler werden Jute- und Stoffreste drapiert – je abgerissener sie aussehen, umso besser. Kopfbänder dürfen nicht vergessen werden.

Die Wirte haben da schon bessere Kleidung: Sie tragen Schürzen über weißen Hemden und Westen.

Die reichen Herren haben dicke Bäuche (mit Kissen gestopft, mit Gürteln gehalten.) Die Hirten tragen Schaffelle und gürten sich mit Hanfschnüren oder Lederstreifen. Färbt man elastische Binden ein (orange oder braun), hat man gute Wickelgamaschen, die die Hirten gegen die Kälte um die Waden herumtragen.

**Musik:** Für das Krippenspiel ist Musik nicht unwichtig. Der Einzug der Spielleute wird feierlicher, die Lieder klingen schöner und außerdem können die alten Weihnachtslieder gut eingebaut werden.

Ich schlage vor die Eltern oder eine Musikschule in Ihrer Nähe anzusprechen. Ist eine musikalische Begleitung nicht möglich, so können die Ankündigungsengel mit Zimbeln, Glöckchen und Triangel auch selber spielen:

| **Personen:** | 1. Sternträger | 9. Henkel |
|---|---|---|
| | 2. Vorsprecher | 10. Der stumme Eliat |
| | 3. Erster Wirt | 11. Verkündigungsengel |
| | 4. Zweiter Wirt | 12. Maria |
| | 5. Dritter Wirt | 13. Josef |
| | 6. Diener | 14. Erster Reicher |
| | 7. Mattheis | 15. Zweiter Reicher |
| | 8. Jakob | 16. Dritter Reicher |
| | Außerdem: drei Bettler | |

**Hinweis:** Wenn mehr Spieler vorhanden sind als für dieses Spiel verlangt werden, können die einzelnen Szenen am besten durch Auftritte von Engeln geteilt werden, die jeweils einen Zweizeiler vortragen, der beispielsweise den jeweiligen Ort des Geschehens bezeichnet. Zudem können sich mehrere Kinder die Rolle des Verkündigungsengels teilen.

Sind weniger Spieler vorhanden, dann können die reichen Herren, der stumme Eliat oder sogar der Diener gestrichen werden. Oder man kann, durch Umverteilung des Textes, aus drei Gastwirten zwei werden lassen.

*Zunächst ziehen die Spielleute zur Musik durch den Aufführungsraum und suchen ihre Plätze im Halbkreis auf. Auf ein Zeichen des Verkündigungsengels setzen sich alle auf ihre vorgesehenen Plätze. Dann kommen die Bettler hereingeeilt. Sie konnten einfach nicht schnell genug laufen, um rechtzeitig im Spielkreis zu sein. Nun finden sie auf den Bänken keinen Platz mehr und müssen sich auf den Boden setzen.*

Buckliger Bettler:  Schnell, schnell, sonscht komm mir
z' schpät...

Lahmer Bettler:  Du woisch doch, i kann net so schnell... I
hanns doch am Fuaß.

Blinder Bettler:  On i seh nemme so gut...

*Sie kommen in der Kreismitte an.*

Lahmer Bettler:  So, aber jetzt hemmer's geschafft...

Blinder Bettler:  *(schaut sich um)* On wo solle mir jetzt no? Älle Plätz senn scho bsetzt.

Buckliger Bettler:  Irgendwo uf den Boda nohocka – on ruhig sei, damit's afanga kann...

*Die Bettler setzen sich. Der Sternträger-Engel tritt hervor und singt das Begrüßungslied. Zum Zeichen seiner Würde erhebt er beim Singen eine Hand. Wahlweise kann der Text auch gesprochen werden.*

Sternträger:    Sei gegrüßt heil'ger Himmel, oh Herr in den Höhn,
den ewig die Kreise der Engel umziehn,
zuerst wolln wir uns Deinen Segen erflehn.
Unser Wohl ist Deine Gnad,
wohl dem, der solchen Segen hat,
den wollen wir zuerst erbitten,
diesem Krippenspiel zumitten.

*Die Bettler treten staunend hervor.*

Buckliger Bettler: Hosch des gehört?
Lahmer Bettler:   Ja, d' Engel henn gsonga!
Blinder Bettler:   Do wird eim ganz andersch!
Lahmer Bettler:   I hann gar net älles verschtanda!
Blinder Bettler:   Des musch du au net: Du bisch ja bloß an lahmer Bettler, der ned richtig laufa kann. Aber Engel – des senn fei ganz andre Leut. Die senn net lahm, die könnet sogar fliega.
Buckliger Bettler: Schtill jetzt – do kommet welche.
Lahmer Bettler:   Engel?
Buckliger Bettler: Gar net. Des senn die Gaschtwirte. Die kenn i. Aber in ihr Haus neiglassa, des hat mi no nie oiner. Engel senn des keine.

## 1. Szene: Die Gastwirte

*Die Gastwirte treten auf.*

**Gastwirt Michel:** Glückauf, ihr zwei, ich sah euch stehn,
möcht gern ein Stückchen mit euch gehn.

**Gastwirt Kalle:** Viel fremdes Volk ist in der Stadt . . .
Wie schön, dass man Bekannte hat . . .

**Gastwirt Michel:** Der Vorteil wiegt den Nachteil auf:
Hab viel zu tun und Gäst zuhauf!

**Gastwirt Utz:** Man sagt zur Schätzung, was man will,
doch als Geschäftsmann schweigt man still,
der Grund liegt hier, da klingelt Geld . . .

*Er klopft auf seinen Beutel. Aber die anderen haben genauso dicke Geldbörsen.*

**Gastwirt Michel:** So ist es überall bestellt . . .

**Gastwirt Kalle:** Zur Zählung schickt des Kaisers Wort
jeden an der Ahnen Ort.
So gehen viele, reiten, fahren,
dorthin, wo ihre Väter waren.

**Gastwirt Kalle:** Die Zählung lässt die Menschen reisen:
Wer reist, muss ruhn und muss auch speisen,
und grade deshalb gibt's den Wirt.

**Gastwirt Utz:** Der darum auch ein Gasthaus führt!

*Er schaut sich um und bemerkt, dass es langsam dunkel wird.*

Es dämmert schon, ich muss mich eilen
dem Gast die Speisen auszuteilen
und an der Tür ein Lämplein zünden.
Mir ist, als würd ein hoher Herr
den Weg heut zu mir finden . . .

*Die Gastwirte gehen ab und setzen sich wieder auf ihre Plätze.*
*Lied der reichen Reisenden.*

| | |
|---|---|
| Alle Reisenden: | Wir sind drei reiche Herren |
| | und kommen aus dem Abendland. |
| | Wir wurden hergetragen |
| | durch Matsch und Staub und Sand. |
| | Wir sind drei reiche Herren |
| | und haben sehr viel gutes Geld. |
| | Drum können wir auch kaufen, |
| | was uns nur gefällt. |
| Lahmer Bettler: | Des senn fei reiche Pinkel. Die drei haben sich |
| | den ganzen Weg bis hierher nach Bethlehem |
| | tragen lassen. |
| 1. Reicher: | Ich bin müde ... |
| 2. Reicher: | Ich bin matt ... |
| 3. Reicher: | ... und ich hab das Reisen satt! |
| 1. Reicher: | Hat man Geld und gibt es aus, |
| | ist man überall zu Haus! |
| Gastwirt Kalle: | Dort sieh: Du musst nicht lange warten, |
| | da kommen von den langen Fahrten |
| | drei reiche Herren schon daher. |
| Gastwirt Michel: | Das zu erkennen ist nicht schwer: |
| | In der Höhe schwebt das Haupt |
| | und das Kinn – und überhaupt – |
| | sie sehen mit den Bäuchen aus |
| | wie mit 'nem Rucksack vorneaus! |

*Sie verbeugen sich vor den dreien und führen sie zu der Gast-stube ab. Nun treten der Gastwirt Utz und sein Diener auf.*

| | |
|---|---|
| Diener: | Könnt ihr's merken, soll ich's sagen? |
| | Habe ziemlich viel zu tragen! |

|  | Wär's zur Leichterung nicht nett, |
|  | wenn ich schon was gessen hätt? |

**Gastwirt Utz:** Dummer Kerl, du tätest besser
statt mit Löffel, Gabel, Messer
oder mit den bloßen Fingern

alle Speisen wegzuschlingern,
tätst du was für deinen Kopf!

*Er stößt ihn.*

**Diener:** *(sich bedauernd zu sich selber)* Was bin ich
für ein armer Tropf! Könnt die Brote, muss
ich sagen, leichter hier im Magen tragen ...
**Buckliger Bettler:** Eine milde Gabe ...
**Lahmer Bettler:** ´s dürft au notfalls a Stückle Brot sei ...

*Der Diener gibt von seinem Brot ab.*

**Alle Bettler:** Vergelt's euch Gott!

*Wirt und Diener gehen wieder ab. Maria und Josef treten auf.*

**Maria:** Josef, ist uns denn zur Nacht
auch Kämmerlein gemacht?
Du sagtest mir: In Bethlehm
machen wir es uns bequem.
Ist ein Kämmerlein gemacht
in der dunklen kalten Nacht?
**Josef:** Wohl jeder auf der Welt ermisst,
wie schwer die Last zu tragen ist ...
Wird dich einer so erblicken,
wird er kaum dich von sich schicken ...

*Er klopft mit dem Stab auf den Boden. Der Wirt Michel tritt auf.*

| | |
|---|---|
| Wirt Michel: | Wer klopft so spät noch an mein Tor |
| | und poltert lärmend noch davor? |
| Josef: | Ich stehe leise, klopfe sacht: |
| | Habt ihr uns ein Bett zur Nacht? |
| Wirt Michel: | Nicht für Gut und nicht für Geld |
| | und alle Herrlichkeit der Welt! |
| | Alle Zimmer sind vergeben, |
| | drum fraget in dem Haus daneben! |

*Er geht ab.*

| | |
|---|---|
| Maria: | Josef, Josef, sag mir fein, |
| | wo soll dann unser Lager sein? |
| Josef: | Bleibe hier und ruh dich aus, |
| | ich find uns schon zur Nacht ein Haus ...! |

*Er klopft beim nächsten Wirt.*

| | |
|---|---|
| Wirt Kalle: | Wer weiß nicht, was sich hier gehört, |
| | dass man des Nachts nicht Ruhe stört? |
| Josef: | Ich wollt die Ruh der Nacht nicht stehlen, |
| | ich will bei euch ein Zimmer wählen ... |
| Wirt Kalle: | Ich seh die Frau bekommt ein Kind. |
| | Bei uns erlauchte Gäste sind, |
| | die müssen dann das Schreien hören. |
| | Ich darf die Ruh der Gäst nicht stören, |
| | ich kann nichts tun – so ist es eben, |
| | drum fraget in dem Haus daneben ... |
| Maria: | Josef, Josef, ist's noch weit? |
| | Ist keine Stätte uns bereit? |
| Josef: | Will in dem Gasthaus dort noch fragen, |
| | musst dich nicht mehr lange plagen ... |

*Er klopft an die Tür.*

| | |
|---|---|
| Wirt Utz: | *(reibt sich die Hände)* Habe viele Stund gewart |
| | und ein Zimmer aufgespart für den hohen |
| | Herren, der dieses Weges käm daher. |
| Josef: | Ihr seid die letzte Rettung mir |
| | und meiner schwangren Frau dahier. |
| Wirt Utz: | Das kann ein hoher Herr nie sein, |
| | die Kleider grob und gar nicht fein, |
| | wie man den hohen Herrn beschreibt. |
| | Was kümmert mich es, wo ihr bleibt! |

*Er geht ab. Doch da kommt der Diener von Gastwirt Utz und winkt Josef zu.*

| | |
|---|---|
| Diener: | Muss durch meines Herrn Entscheiden |
| | selber öfters Nöte leiden. |
| | Doch dort draußen auf dem Felde |
| | findet ihr, ganz nah, in Bälde, |
| | einen Stall auf freier Flur – |
| | zaget nicht und gehet nur! |

*Maria und Josef gehen ab. Die drei Bettler stehen auf und begeben sich in die Mitte des Spielraums.*

| | |
|---|---|
| Buckliger Bettler: | Hosch des gesehä? |
| Lahmer Bettler: | Die zwei, die tun mir so Leid! |
| Blinder Bettler: | Die sen ja no ärmer dran wie mir … |
| Lahmer Bettler: | Ja, die zwei senn ganz allei – aber mir hen wenigschtens ons … |

*Sie umarmen sich voll Freude.*

| | |
|---|---|
| Blinder Bettler: | Des isch wahr! |

## 2. Szene: Die Hirten auf dem Felde

*Die Hirten sammeln sich um ein Lagerfeuer auf dem Felde. Mittlerweile ist es ganz dunkel geworden. Es ist kalt.*

Hirtenlied:

*(eventuell im Sprechgesang)*
Und die Hirten auf dem Felde
tragen Felle gegen Kälte
und sie sammeln ihre Schafe
und sie meiden auch den Schlaf,
und ein Hirt, der steht auf Wache,
dass am Morgen fehlt kein Schaf,
und ein Hirt, der steht auf Wache,
dass am Morgen fehlt kein Schaf.
Und sie treffen sich am Feuer
zwischen Steinen und Gemäuer,
junge Schäfer, alte Hirten,
dass die Nacht erträglich wird.
Und sie singen und sie spielen
alte Weisen unbeirrt,
und sie singen und sie spielen
alte Weisen unbeirrt

Mattheis:

Holla! Holla, ruf ich wieder . . .
Wo seid ihr Hirten? Wo, ihr Brüder!?
Ob sie durch das Dunkel irren?
Ach, mein stummer Eliat,
ich fühl mich kalt – auch bin ich matt.
*(Laut:)* Holla! Rufe ich noch einmal um!

Jakob:

*(aus dem Versteck)* Hier bin ich doch, schau
nur herum!

*Eliat zeigt auf das Gebüsch.*

| | |
|---|---|
| Mattheis: | *(sich anschleichend)* Aah. Und wo? Dort grad in den Hecken? |
| Henkel: | Schau doch hier! |

*Eliat zeigt wieder auf das Gebüsch. Diesmal auf der anderen Bühnenseite.*

| | |
|---|---|
| Mattheis: | Ach, was müsst ihr euch verstecken? |
| | Nun ist's schon spät, der Tag war lang, |
| | mir sind die Glieder schwer. |
| | Das Kinderspiel macht mir nicht bang: |
| | Na los! Heraus! Kommt her! |
| Jakob: | Ei, Mattheis, hier bin ich. Warum schon so krumm!? |
| Mattheis: | Hei, Jakob, nur langsam, sonst blas ich dich um! |
| | Jetzt fehlt von uns nur Henkel noch ... |

*Henkel stibitzt Mattheis die Mütze, ohne dass dieser es bemerkt.*

| | |
|---|---|
| Henkel: | Grad hinter dir, da steht er doch! |
| | Und diese Mütze in der Hand, |
| | die ist dir sicher gut bekannt! |
| Jakob: | Spar deine Puste dir fürs Feuer, |
| | es ist so kalt und windig heuer ... |
| Mattheis: | Es stimmt: Wie heute habe ich wohl |
| | nur selten noch gefroren. |
| | Drum bleibt die Mütze, wo sie war, |
| | hier zwischen beiden Ohren. |
| | Genug davon, holt Holz herbei |
| | und scharrt die Feuerstelle frei ... |
| Jakob: | Und jetzt sagt an, was nun? |
| Henkel: | Ist denn schon Zeit zu ruhn? |

|            | Denn leg ich mich bequemer hin, |
|            | merk ich, wie ich müde bin … |
| Mattheis:  | Und was, wenn, liegen wir so fest im Schlaf, |
|            | am Morgen dann uns fehlt ein Schaf? |
| Jakob:     | Ein Löw, ein Bär, ein wildes Tier? |
|            | An was hast du gedacht? |
| Henkel:    | Von alldem ist doch keines hier |
|            | in dieser dunklen Nacht. |
| Jakob:     | Sorgst du vielleicht, dass hier ein and'rer |
|            | Mensch, da Hab' und Gut verwaiste, |
|            | als räuberischer Wand'rer |
|            | zum Stehlen unsrer Schafe reiste? |
| Henkel:    | Es fand sich davon keine Spur … |
| Mattheis:  | Ich weiß es nicht, ich sorge nur … |
|            | Es folgt, seitdem die Zählung ist, |
|            | ach einer grade jetzt mit List |
|            | einem räuberischen Trieb! |
| Henkel:    | Ein Herdenräuber? |
| Jakob:     | Ein Schafedieb? |
| Mattheis:  | Nichts andres habe ich gemeint, |
|            | drum lasst uns heute Nacht vereint |
|            | die Ohren offen halten, |
|            | trotz dem Wind, dem kalten! |
|            | Und der stumme Eliat, |
|            | der die besten Ohren hat, |
|            | auch wenn er kein Wort sprechen kann, |
|            | sei der erste Wächtersmann. |
| Jakob:     | Wie soll denn dann, frag ich, die Zeit |
|            | bis morgen früh vergehen, |
|            | die neue Sonne ist noch weit |
|            | und lang noch nicht zu sehen. |
| Henkel:    | Lasst uns doch ein Spielchen machen, |
|            | mit Würfeln Wärme uns entfachen |
|            | und in der Hitze glühend wetten, |

|            |                                              |
|------------|----------------------------------------------|
|            | als ob wir einen Ofen hätten.                |
|            | Sechs Augen sind für jeden zwei,             |
|            | Spaß ist und Gewinn dabei.                   |
| Mattheis:  | Die Wächter, welche Spieler sind,            |
|            | sind meist auf beiden Augen blind.           |
| Jakob:     | Es gibt – es mag dir noch so brennen –       |
|            | nichts, was wir verwetten können.            |
|            | Sag lieber, was die alten Weisen             |
|            | vom Heiland Gutes uns verheißen!             |
| Mattheis:  | *(erzählend)* In jenen Tagen wird dem Hause  |
|            | Davids ein Spross erwachsen, der wird brin-  |
|            | gen Recht und Gerechtigkeit aller Welt.      |

*Der Verkündigungsengel tritt auf.*

| Engel: | Fürchtet euch nicht! Siehe, ich verkündige euch große Freude, die allem Volk widerfahren wird, denn euch ist heute der Heiland geboren, welcher ist Christus der Herr, in der Stadt Davids. Und das habt zum Zeichen: Ihr werdet finden das Kind in Windeln gewickelt und in einer Krippe liegen … |
|--------|---|

*Der Engel entschwindet. Ein Wunder geschieht: Der stumme Eliat spricht.*

| Eliat: | Ich traue meinen Sinnen nicht, wie war auf einmal so viel Licht … Ein Engel sprach zu uns soeben, hat eine Nachricht uns gegeben von einer guten, neuen Mär: dass uns der Herr geboren wär! |
|--------|---|
| Henkel: | Mir schüttelt's Kopf mitsamt Verstand: Was war, was uns am Feuer fand? |

| Mattheis: | Dass der stumme Eliat |
| | seine Sprach gefunden hat ... |
| Jakob: | Wenn so ein Wunder uns geschah, |
| | dann ist gewiss der Heiland nah ... |
| Mattheis: | Dann dürfen wir nicht länger zagen |
| | und uns an seine Krippe wagen – |
| | wo er in Tuch gewickelt lieget, |
| | von seiner Mutter warm gewieget. |
| Henkel: | Was wolln wir bringen, welche Gaben? |
| | Ihr sagt doch selbst, dass wir nichts haben! |
| Mattheis: | Wir allein sind ihm genug! |
| Jakob: | Ein warmes Fell ... |
| Henkel: | Mit Milch ein Krug ... |
| Eliat: | Weil ich nun eine Stimme hab, |
| | will ihn loben jeden Tag! |

## 3. Szene: An der Krippe

*(Maria steht erhoben. Josef ist an ihrer Seite. Er hält eine Lampe in seiner Hand. Maria streckt beide Arme in die Höhe und breitet sie aus, schließlich verschränkt sie die Arme und legt das Kindlein, das sie nun empfangen hat, in die Krippe. Der Verkündigungsengel mit dem Fünfstern steht hinter den beiden. Die Bettler nähern sich.)*

| Blinder Bettler: | Ich glaub, jetzt isch´s passiert! |
| Lahmer Bettler: | Do liegt a Kindle. |
| Buckliger Bettler: | Still jetzt, sonscht wacht's auf. |

*Die Bettler schleichen sich wieder davon.*

| Josef: | Es liegt in einer Futterkrippe, |
| | ein großer Herr – ein kleines Kind. |

Sein Schein ist Wahrheit, Wärme, Wonne,
es leuchtet unsrer Erdenwelt –
als eine herrlich neue Sonne!

Maria:
Josef, lieber, guter Mann,
ich bitt dich, bring mir Heu heran . . .

Josef:
Lass mich geschwind nur innehalten,
wenn die Gedanken in mir walten . . .!

*Die Hirten erreichen Maria, Josef und das Kind.*

Mattheis:
Ist euch ein Kindlein heut geboren?

Jakob:
Wir sind die Hirten, alle vier,
und haben nur uns selbst dahier
und etwas Milch, ein warmes Fell,
ich lege es an diese Stell.

Henkel:
Von uns ist keiner eine Perle,
wir sind des Feldes raue Kerle.
Drum danke dir, du Krippenkind,
dass wir zuerst geladen sind.

Eliat:
Bist mein Herr, du kleines Kind,
solange Leben in mir rinnt,
so will ich dich beim Namen nennen
und will dich mit dem Herzen kennen.

Mattheis:
Und hierhin leg ich diese Mütze,
die vor Kälte jenen schütze,
der uns allen helfen kann,
denn es wärmet mich fortan
in meinem ganzen weitren Leben,
dass ich dem Kindlein konnte geben.

Maria:
Habet Dank dafür, ihr Hirten,
ihr wart die Ersten, die es spürten,
und habet ihm in rauer Nacht
euch selbst als Gabe dargebracht.

*Nun kommen auch alle anderen zur Krippe und stellen sich auf: die Wirte, die Reichen, die drei Bettler und alle, die beim Spiel mit dabei gewesen sind.*

Lied:
          Denn Menschen wie auch Himmelswesen
          sind in Freude heut vereint.
          Es ist, was in der Nacht gewesen,
          als Verheißung uns gemeint.
          Denn wenn wir es im Herz behalten,
          was vor Augen uns geschah,
          wird uns das Licht zu Licht gestalten,
          ist es immer für uns da.

*Auszug der Spielleute zur Musik.*

Lahmer Bettler:     Isch es jetzt vorbei?
Buckliger Bettler:  Ha noi, jetzt fängt's erscht richtig an!
Blinder Bettler:    Isch jetzt Weihnachten?
Buckliger Bettler:  Merksch des net?
Blinder Bettler:    Doch. I glaub, i merk's. Fröhliche Weihnach-
                    ten!

*Sie wünschen sich gegenseitig »Fröhliche Weihnachten«.*

Buckliger Bettler:  *(wendet sich an die Zuschauer)* Und euch au:
                    Fröhliche Weihnachten!

*Die Bettler eilen humpelnd davon.*

Lorenz Wieland

# Hirtenlied

Ein besonderes Bühnenbild oder Requisiten sind nicht erforderlich. Die Texte können gesprochen vorgetragen werden oder gesungen. Als Melodien eignen sich beispielsweise »Befiehl du deine Wege . . .« oder »Es wird schon gleich dumpa«. Vorschlag für Begleitmusik: Blockflöte.

**Personen:**  Maria
Josef
Drei oder vier Hirten
Erzähler
Engel

Maria:        Josef, es schneit seit Stunden,
die Dämmerung bricht an.
Wir haben nichts gefunden,
wo ich mich setzen kann.
Mein Kind wird bald geboren,
ich kann nicht weitergehen.
Dort oben, ganz verloren,
ist schon ein Stern zu sehen.

Josef:        Maria, dieser Schein,
der die Schneewolken durchbricht,
er bleibt nicht allein,
denn dort drüben ist Licht!
Maria, das sind Feuer,
die überall entstehen.

Maria:        Mir ist das nicht geheuer,
ich will nicht weitergehen!

| | |
|---|---|
| Josef: | Maria, diese Lichter, |
| | sie flackern nur im Wind |
| | und wärmen die Gesichter |
| | von Hirten, die dort sind. |
| Maria: | Ich fürcht mich vor den Hunden! |
| Josef: | Die wirst du gar nicht sehen, |
| | weil sie nur ihre Runden |
| | der Wölfe wegen drehen. |
| Maria: | Was war das für ein Schnaufen |
| | und Flüstern neben mir! |
| Josef: | Kein Grund gleich wegzulaufen, |
| | das ist ein Herdentier! |
| | Wir sind jetzt unter Ziegen |
| | und Böcken und Schafen. |
| | Das heißt: Bald kannst du liegen |
| | und warm in Decken schlafen. |
| Erster Hirte: | Wo wollt ihr hin, ihr Armen! |
| Zweiter Hirte: | Jetzt trinkt erst einmal das! |
| Dritter Hirte: | Kommt, setzt euch her zum Warmen – |
| Zweiter Hirte: | Zu essen gibt's gleich was. |
| | Es kühlt nur etwas aus, |
| | ihr sollt euch doch nicht verbrennen. |
| Josef: | Ist hier vielleicht ein Haus, |
| | wo wir dann schlafen können? |
| Ein Hirte: | Ein Dach – doch kein Gemäuer. |
| | Wir leben bei der Herde |
| | in Zelten und am Feuer |
| | und schlafen auf der Erde. |
| | Kein Stein liegt auf dem andern … |
| | Doch wenn es euch hier gefällt, |
| | müsst ihr nicht weiterwandern: |
| | Dort steht ein leeres Zelt. |
| Erzähler: | Maria und Josef |
| | nehmen Speise und Trank. |

Maria und Josef
sagen den Hirten Dank.
Maria und Josef
verschwinden im Zelt.
Da ist plötzlich alles
wie am Tage erhellt.
Ein Engel erscheint den Hirten,
der laut zu ihnen spricht:

**Engel:** Freut euch, ihr Verwirrten,
und fürchtet euch nicht!
Ich verkünde euch große Freude:
Da drüben, in einem Zelt,
auf eurer zugeschneiten Weide
kam Jesus zur Welt.

Alexander Melach

# Herbergssuche

| 1. Erzähler: | Maria und Josef sind unterwegs nach Bethlehem. Sie sind müde, hungrig und verschmutzt von der weiten Reise, die hinter ihnen liegt. Maria kann vor Anstrengung kam noch gehen. Erschöpft lehnt sie sich an Josefs Schulter. |
| --- | --- |
| 2. Erzähler: | Maria und Josef sind noch immer unterwegs. Müde, hungrig und verschmutzt suchen sie ihren Weg nach Bethlehem. Jedes Jahr aufs Neue. Stellt euch vor, vielleicht kommen sie auch durch unsere Stadt? Auf ihrer Reise nach Bethlehem, auf der Suche nach einem Ruheplatz für die Nacht . . . |
| Alle: | Und irgendwann kommen sie dann auch bei uns an und klopfen sodann bei den Wirtsleuten an. |

| Maria u. Josef: | Hungrig und müde stehen wir hier nach langer Reise vor eurer Tür. Hungrig und müde fragen wir an, ob man ein Zimmer hier haben kann? |
| --- | --- |

| | |
|---|---|
| 1. Wirt: | Sind Sie angemeldet? |
| 2. Wirt: | Wir sind ausgebucht. |
| 3. Wirt: | Können Sie sich das überhaupt leisten? |
| 4. Wirt: | Wo denken Sie hin? Die ganze Stadt ist überfüllt! |
| 5. Wirt: | Siieee? Unmöglich! Nein! |
| 6. Wirt: | Kommen Sie morgen noch mal vorbei! |
| Alle: | Was soll man da sagen? |
| | Es ist nicht zu fassen. |
| | Man kann doch die beiden |
| | nicht draußen stehn lassen! |
| | Was soll man da sagen? |
| | Ist es noch immer |
| | genauso wie damals? |
| | Oder noch schlimmer? |
| 1. Erzähler: | Es ist viel los in Bethlehem. In den Straßen herrschen Lärm und Gedränge, die Wirtshäuser sind überfüllt, alle Betten sind belegt. Müde, hungrig und verschmutzt ziehen Maria und Josef von Haus zu Haus. |
| 2. Erzähler: | Vielleicht irren Maria und Josef jetzt gerade durch unsere Stadt? Aber auch bei uns ist viel los, gerade vor Weihnachten. Laut ist es in den Straßen und voll, denn die Leute bereiten sich auf das Weihnachtsfest vor. |
| Alle: | Und irgendwann |
| | kommen sie dann |
| | auch bei uns an |
| | und klopfen sodann |
| | bei den Familien an. |

| | |
|---|---|
| **Maria u. Josef:** | Hungrig und müde |
| | stehen wir hier |
| | nach weiter Reise |
| | vor dieser Tür. |
| | Hungrig und müde |
| | fragen wir an, |
| | ob man für die Nacht |
| | ein Bett haben kann? |
| **1. Familie:** | Wir kaufen nichts. |
| **2. Familie:** | Wie kämen wir dazu? |
| **3. Familie:** | Schon wieder Penner! |
| **4. Familie:** | In unsrem Haus? So schmutzig, wie Sie ausse- |
| | hen? Vielleicht haben Sie Läuse ... |
| **5. Familie:** | Gehn Sie doch arbeiten! Dann können Sie sich |
| | ein Hotel leisten. |
| **6. Familie:** | Uns schenkt auch keiner was! Und am Ende |
| | kommt das Kind auch noch in dieser Nacht |
| | zur Welt! Nein, nein ... |
| **Alle:** | Was soll man da sagen? |
| | Es ist nicht zu fassen. |
| | Man kann doch die beiden |
| | nicht draußen stehn lassen! |
| | Was soll man da sagen? |
| | Ist es noch immer |
| | genauso wie damals? |
| | Oder noch schlimmer? |
| **1. Erzähler:** | Ganz mutlos sind sie geworden. Gibt es in |
| | Bethlehem keinen Platz zum Schlafen? Und das |
| | Kind? Soll es auf der Straße zur Welt kommen? |
| **2. Erzähler:** | Mutlos sind Maria und Josef auch heute, viel- |
| | leicht gerade jetzt in diesem Augenblick, in |
| | den Straßen unsrer Stadt. Oder ob sich nicht |
| | doch ein Plätzchen zum Ausruhen findet? |
| | Hier? Irgendwo? |

| | |
|---|---|
| **Alle:** | Und irgendwann<br>kommen sie dann<br>auch bei uns an<br>und klopfen sodann<br>überall einfach an. |

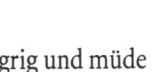

| | |
|---|---|
| **Maria u. Josef:** | Hungrig und müde<br>stehen wir hier<br>nach weiter Reise<br>vor jeder Tür.<br>Hungrig und müde<br>fragen wir an,<br>ob man zur Nacht<br>einen Platz finden kann? |
| **Geschäft:** | Betteln und Hausieren verboten! |
| **Bahnhof:** | Aufenthalt über Nacht untersagt! |
| **Polizist:** | In unsrer Stadt gibt's schon zu viele Fremde. |
| **Nachbar:** | Immer diese Belästigungen! |
| **Rathaus:** | Wir haben unser Asylantensoll erfüllt. |
| **Klinik:** | Haben Sie einen Krankenschein? |
| **Punks:** | Ausländer raus! Go home! |
| **Stadtpark:** | Besuchszeiten von 9.00 bis 19.00 Uhr. |
| **Baustelle:** | Betreten verboten! |
| **Kirche:** | Wegen Veranstaltung heute geschlossen. |
| **Golfclub:** | Kein Einlass ohne Klubausweis. |
| **Abendschule:** | Stören Sie nicht! Hier findet gerade eine kleine<br>Weihnachtsfeier statt ... |
| **Alle:** | Was soll man da sagen?<br>Es ist nicht zu fassen.<br>Man kann doch die beiden<br>nicht draußen stehn lassen!<br>Was soll man da sagen? |

|  | Ist es noch immer |
|---|---|
|  | genauso wie damals? |
|  | Nein, noch viel schlimmer . . .! |
| 1. Erzähler: | Endlich finden Maria und Josef einen Platz zum Schlafen. Draußen, vor der Stadt, in einem Stall. Und in der Nacht kommt das Kind zur Welt. Im Stall von Bethlehem. |
| 2. Erzähler: | Es gibt heute noch Ställe, vor den Städten und Dörfern. Bestimmt finden Maria und Josef einen Schlafplatz. Irgendwo einen Stall. Ein Bett aus Heu und Stroh. Draußen, bei den Tieren. Schließlich müssen die beiden ausgeruht sein für die Reise! Ja, und vielleicht haben sie in einer anderen Stadt auch mehr Glück. Irgendwann, irgendwo, irgendwie . . . |
|  | Denn der Weg nach Bethlehem ist weit . . . |
|  | Alle Jahre wieder . . . |
|  | Sie haben ja noch Zeit . . . |

| Maria u. Josef: | Hungrig und müde |
|---|---|
|  | suchten wir hier |
|  | ein Bett zum Schlafen |
|  | an jeder Tür. |
|  | Hungrig und müde |
|  | finden wir nun |
|  | in diesem Stall da |
|  | ein Plätzchen zum Ruhn. |

# Lied: Der Weg nach Bethlehem ist weit

**Refrain**  F  C  F

Kennst du den Weg nach Beth-le-hem? Er ist

B♭  C  F  B♭

hart und un-be-quem, denn Beth-le-hem ist

C  C⁷  F

weit. Wir ha-ben ja noch Zeit. Der Weg nach

B♭  C  F  F

Beth-le-hem ist weit. 1. Lasst uns den Weg ge-

Gm  C  F

mein-sam ge - hen, lasst uns-re Tü - ren

Gm  B♭  C

of - fen ste - hen. Wir la - den al - le

F  Gm  C

ein. Es soll ein Weg der Hoff-nung

F  A⁵⁺  B♭  C⁷  F

sein. Es soll ein Weg der Hoffnung sein.

2. Lasst uns den Weg gemeinsam gehen,
lasst uns fest zueinander stehen.
Wir laden alle ein.
Es soll ein Weg des Friedens sein.
Es soll ein Weg des Friedens sein.

37

3. Lasst uns den Weg gemeinsam gehen,
lasst uns das Licht der Weihnacht sehen.
Wir laden alle ein.
Es soll ein Weg der Freude sein.
Es soll ein Weg der Freude sein.

**Schluss**

Gehn wir den Weg nach Beth-le-hem?
Du und ich? Und au-ßer-dem ist
Beth-le-hem noch weit. Wir
ha-ben ja noch Zeit. Der Weg nach
Beth-le-hem ist weit.

Texte: Elke Bräunling
Melodie: Paul G. Walter

# Warum die Engel im Stall nur singen durften

Andere Krippenspiele

# Wie der Weihnachtsstern
# nach Bethlehem kam

**Mitspieler:**  Erzähler
Mond
Stern Europa
Stern Afrika
Stern Asien
Stern Amerika
Stern Australien
Kleiner Stern
einige Kinder an Rhythmusinstrumenten
einige Blockflötenspieler und spielerinnen
beliebig viele Sänger und Sängerinnen

1. Das Lied wird eingeübt und gesungen.

2. Die gesungene Liedmelodie mit Klatschbegleitung wiederholen.

3. Einige Kinder bekommen je einen Klangbaustein (Klangstab oder einen Stab auf Stabspielen) mit Schlägel. Die Klatschübungen werden auf die Instrumente übertragen. Tonika und Dominante (F, C) erklingen.

4. Die Instrumente zur Verklanglichung der Geschichte liegen bereit:
– hängendes Becken/weicher Schlägel für den Mond
– Klangstab Metall $c^2$ mit Filzkopfschlägel für den Stern Europa
– Klangstab Metall $c^1$ mit Filzkopfschlägel für den Stern Afrika

– Klangstab Metall e[1] mit Gummikopfschlägel für den Stern Asien
– Klangstab g[1] mit Holzschlägel und kleines Becken für den Stern Amerika
– Triangel für den kleinen Stern
– Klangstäbe Metall g[2] und Fingerzimbeln für die kleinen Sterne

5. Die verschiedenen Klangmöglichkeiten werden ausprobiert, eventuell werden auch charakteristische Rhythmen abgesprochen. Wichtig sind auch Vereinbarungen über Lautstärken, z. B. Europa = weiche Töne, piano; Afrika = kräftige Töne, mezzoforte; Asien = Achtel im schnellen Tempo zum »Funkeln«; Amerika = Becken fallen lassen beim Schubs.

6. Einige Blockflötenspieler haben gesondert das Vor- und Nachspiel geübt; sie werden durch die Tonika-Dominante-Spieler begleitet.

## Vorspiel

*Blockflöte und Melodie-Instrumente/Klangbausteine*

Hal - lo, auf - ge-paßt! Wir wolln euch was
Hoch zum Him-mel auf wol-len wir uns

sin - gen.
schwingen. Hört nur, wie es da-mals war,

als der Sterne gro-ße Schar war-te-te auf

Got-tes Sohn. Wir er-zäh-len euch da-von.

**Erzähler:**  Es war in jener Zeit, als das Jesuskind geboren werden sollte. Der Stall stand bereit, um Maria und Josef aufzunehmen, wenn draußen in der Stadt Bethlehem keine Unterkunft zu finden sein würde. Ochs und Esel teilten ihren Heuvorrat gewissenhaft ein, denn das Christkind sollte in der Krippe eine weiche Unterlage bekommen. In aller Stille bereiteten sie sich so auf die Ankunft des Gottessohnes vor. Hoch droben am Himmel aber beobachteten die Sterne, wie der Stall und die Tiere Christi Geburt freudig erwarteten. Alsbald entstand ein Gewisper und Getuschel, ein Raunen und Flüstern.

*Fingerzimbeln reiben! Zischlaute! Holzschlägel über Metall reiben.*

| Mond: | *(fühlt sich in seiner Ruhe gestört):* Was soll das Getuschel? |

*Beckenschläge decrescendo/Zischlaute wie bisher.*

| Erzähler: | Die Nachricht von der bevorstehenden Geburt des Christkindes hatte sich wie ein Lauffeuer herumgesprochen. Alle Sterne, große und kleine, begannen sich prächtig herauszuputzen, denn jeder hoffte darauf, dass er der Weihnachtsstern zu Bethlehem sein würde. |

*Instrumente der fünf großen Sterne, Instrumente aller Sterne im Wechsel*

Ihr könnt euch sicher denken, dass sie sogar eifersüchtig aufeinander wurden, und es kam zu manchen Streitigkeiten. Da wurde der Mond ärgerlich.

*Beckenschläge crescendo*

| Mond: | Schluss jetzt! Soll das Jesuskind so von uns empfangen werden? Wir werden den schönsten und größten Stern auswählen. Er soll der Weihnachtsstern werden. |
| Erzähler: | Die kleinen Sterne und Sternschnuppen murrten ein bisschen. |

*Murren, Flüstern, Mundgeräusche*

Dann aber fügten sie sich und versammelten sich schließlich zu einer großen Konferenz der Sterne. Der Mond leitete die Versammlung. Er eröffnete sie mit einem kräftigen Mondlichtstrahl.

*Beckenschlag laut*

| Mond: | Liebe Sterne, ihr habt aus euren Reihen fünf Vertreter entsandt. Nun, so wollen wir aus ihnen den Weihnachtsstern auswählen. |

*Beckenschlag leiser als vorher*

| Erzähler: | Da stand schon der erste Stern in voller Größe vor der Versammlung. |
| Stern Europa: | Ich bin der Stern, der über Europa leuchtet. Lasst mich nach Bethlehem ziehen, denn ich verbreite ein besonders helles Licht. |

*Musik des Sterns Europas*

| Stern Afrika: | Nein, nein, nicht so voreilig. Schaut mich an! Ich bin der Stern aus Afrika und, wie ihr alle sehen könnt, der größte von uns fünfen. Ich habe wohl das Recht in der Heiligen Nacht über Bethlehem zu leuchten. |

*Musik des Sterns Afrika*

| Erzähler: | Er hatte kaum ausgesprochen, da meldete sich der dritte Stern zu Wort. |
| Stern Asien: | Liebe Freunde, lasst euch nicht von der Helligkeit oder Größe beeindrucken. Als Stern aus Asien erkennt man mich sofort an meinem besonderen Glanz. Wählt mich zum Weihnachtsstern. Keiner kann so schön funkeln wie ich. |
| Erzähler: | Damit begann der asiatische Stern sich nach allen Seiten zu verbeugen, um sein schimmerndes Gewand ins rechte Licht zu setzen. |

*Musik des Sterns Asien*

| | Da schrie der vierte Stern und schubste seinen Vorgänger zur Seite: |

*Zimbeln kräftig zusammenschlagen bzw. Becken fallen lassen*

**Stern Amerika:** Das ist unfair! Ich komme aus Amerika, und wenn einer geeignet ist die Heilige Nacht zu erhellen, dann bin nur ich das. Schließlich ist die Reise nach Bethlehem nicht ungefährlich, da braucht man Kraft und Stärke. Wählt mich, einen Besseren findet ihr nicht.

**Erzähler:** Sprach's und schickte einen kräftig blitzenden Strahl mitten zwischen die kleineren Sterne, die erschrocken durcheinander wirbelten.

*Musik des Sterns Amerika, Fingerzimbeln, Klangstäbe durcheinander klingen lassen.*

**Stern Australien:** Genug der Worte. Ich bin der Stern, der über Australien, dem kleinsten Kontinent der Erde, leuchtet. Auch der Gottessohn wird ganz klein sein. Daher passen wir gut zusammen. Sendet mich als Weihnachtsstern!

**Erzähler:** Aufrecht ging er mit kleinen, aber festen Schritten geradewegs zum guten Mond.

*Musik des Sterns Australien, gleichmäßige Viertel*

Der schüttelte nur verwirrt den Kopf und schaute einen Stern nach dem anderen an.

*Leise Beckenschläge – Sterne lassen nacheinander Instrumente erklingen.*

Es entstand ratlose Stille.

*Stille*

Mitten in dieses Schweigen hinein hörte man

aus der letzten Reihe der kleinen Sterne eine zarte Stimme.

## Klangstab c³ und Triangelschläge

Kleiner Stern:    Ich möchte etwas vorschlagen: Wie wäre es, wenn ihr fünf gemeinsam als Weihnachtsstern in der Christnacht leuchtet? Ihr könnt miteinander der schönste Stern der Welt sein. Menschen und Tiere werden sich immer an euch und eure helle, froh machende Botschaft erinnern.

Erzähler:    Da brach ein jubelnder Applaus los.

## Klatschen

Der kleine Stern wurde voll Begeisterung durch die Menge nach vorn geschoben. Der Mond brauchte zwei kräftige Mondstrahlen, um alle zum Schweigen zu bringen.

## Zwei kräftige Beckenschläge

Mond:    *(räuspert sich und sagt:)*
Dies ist der beste Vorschlag, den ich in meinem langen Mondleben gehört habe. Zur Belohnung darfst du, kleiner Stern, die fünf großen Sterne begleiten.

Erzähler:    Da freute sich der kleine Stern so sehr, dass er sogar ein bisschen dunkel wurde, ähnlich dem Erröten der Menschen.

## Hüpfende Schläge auf Klangstab c³ und Triangel

In der Heiligen Nacht aber rieben sich die Menschen, die zum Himmel schauten, erstaunt die Augen. Dort stand ein neuer, wunderbarer

Stern aus fünf großen Sternen, die einen kleinen in ihrer Mitte hielten.

*Musik der großen Sterne. Nach und nach kommen die Klänge der Sternchen und des Mondes hinzu. Nicht zu laut.*

Es ging ein Leuchten von ihm aus, das war so einmalig, dass die Menschen es nicht vergessen haben. Noch heute erzählt man sich von diesem besonderen Stern, dem Weihnachtsstern von Bethlehem.

*Musik der Sterne erklingt langsam. Weicher Beckenschlag.*

## Nachspiel
*Schlussstrophe (Melodie wie oben)*

Nun, ihr lieben Leut, kennt ihr die Geschichte von dem Weihnachtsstern, unserm Himmelslichte.
Er, der keine Grenzen kennt
und für alle Menschen brennt,
zeigt noch heut mit seinem Schein:
Frieden kann doch möglich sein.

Mechthild Leskau

# Herbergspiel

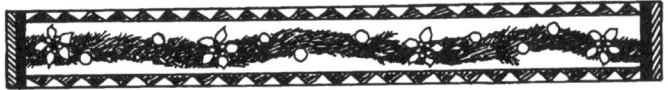

Dieses Fingerspiel kann sowohl von einer Person mit zwei Händen als auch von mehreren Personen gespielt werden.

| | |
|---|---|
| Es schneit,<br>es schneit,<br>es schneit. | *Fünf Finger oder mehr,*<br>*jeder Finger als Schnee-*<br>*flocke verkleidet, bewegen*<br>*sich.* |
| Da gehn zwei<br>arme Leut. | *Zeige- und Mittelfinger,*<br>*aus der Faust hochge-*<br>*streckt, bewegen sich.*<br>*Der Daumen ist noch*<br>*unter dem Ringfinger und*<br>*dem kleinen Finger ver-*<br>*steckt.* |
| Es schneit,<br>es schneit,<br>es schneit | *wie oben* |
| Da gehn zwei arme Leut.<br>Sie kommen vor ein großes Tor,<br>da schaut ein dicker Wirt hervor. | *wie oben* |
| Guten Tag, guten Tag,<br>was wünschen Sie? | *Der Daumen einer ande-*<br>*ren Hand verbeugt sich*<br>*mehrmals.* |

Ein Bett, ein Bett,　　　　　　*Die zwei Finger wackeln.*
bis morgen früh.

Habt ihr denn Geld?　　　　　*Der Daumen wackelt.*

Ach, nein,　　　　　　　　　*Die zwei Finger wackeln.*
ach, nein.

Dann dürft ihr mir nicht　　　*Daumen wackelt, ab.*
ins Haus herein!

Es schneit,　　　　　　　　　*wie zuvor*
es schneit,
es schneit.

Da gehn zwei arme Leut.　　　*wie zuvor*
Sie kommen vor ein großes Tor,
da schaut eine dicke Wirtin hervor.

Guten Tag, guten Tag,　　　　*Daumen einer anderen*
was wünschen Sie?　　　　　　*Hand, mit Kopftuch, ver-*
　　　　　　　　　　　　　　*beugt sich.*

Ein Bett, ein Bett　　　　　　*Die zwei Finger wackeln.*
bis morgen früh.

Habt ihr denn Geld?　　　　　*Daumen wie zuvor.*

Ach, nein,　　　　　　　　　*Die zwei Finger wie zuvor.*
ach, nein.

Dann dürft ihr mir nicht　　　*Daumen wackelt, ab.*
ins Haus hinein.

Es schneit,
es schneit,
es schneit.

*Hände wie Schneeflocken*
*wie zuvor*

Da gehn zwei arme Leut.
Sie kommen vor ein kleines Tor,
Ochs und Esel schaun hervor.
I-ah, i-ah,
muh-muh.
Kommt her, hier habt ihr Ruh!

*Andere zwei Finger, die*
*abwechselnd wackeln.*

Es schneit,
es schneit,
es schneit.

*wie zuvor*

Da stehn zwei arme Leut.
Sie gehen in den Stall hinein,
der Schnee hört auf zu schnein.

*Schneeflockenhand legt*
*sich nieder.*

Jetzt kommen alle Engel,
die fliegen auf das Dach.
Jetzt kommen alle Schafe,
die Hirten hinten nach.

*Scharen von*
*Engel-Fingern, Hirten und*
*Schafen kommen geflogen*
*und gelaufen.*

Die Engel freun sich und singen
herunter von der Höh,
die Schafe freun sich und springen
und schreien bäh bäh bäh.

*Dies sagt der Stern.*
*Die zwei »armen Leut«*
*neigen sich über den*
*zuvor verdeckten und*
*jetzt sichtbaren Daumen,*
*der das Wickelkind darstellt.*

Halleluja halleluja,
halleluja halleluja,
bäh bäh bäh bäh bäh!

*Großer Lärm und Tumult*

Die Hirten stehn und fragen:
Was ist denn da geschehn?
Der Stern, der wird's uns sagen,
der Stern hat es gesehn.

Ein Kind ist uns geboren,
ein Kind ist uns geschenkt.
Kommt alle her
und freut euch,
vergesst nun,
was euch kränkt!

Halleluja halleluja,          *Engelsgesang.*
Friede auf Erden!             *Die Engel-Finger bewegen*
Halleluja halleluja,          *sich. Alle singen mit,*
Friede wird werden!           *danach beim folgenden*
                              *Lied auch die Zuschauer.*

Ihr Kinderlein kommet ...

Friedl Hofbauer

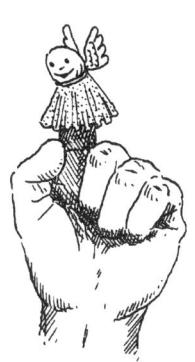

# Warum die Engel im Stall nur singen durften

## Ein Zwiegespräch zwischen Ochs und Esel

Ochs:      Duhu, Esel?

Esel:      Jaha?

Ochs:      Was hältst du eigentlich von Engeln?

Esel:      Meinst du, ob ich an sie glaube?

Ochs:      Nein, das weiß ich schon, dass du das tust –
           schließlich waren sie ja gestern massenweise
           hier im Stall, da kann man schlecht nicht an
           sie glauben. Nein, was du von ihnen hältst,
           will ich wissen.

Esel:      Nun, ich war zufrieden. Sie sehen hübsch aus,
           sie singen nett, nicht zu tief und nicht zu
           hoch, nicht zu laut und nicht zu leise, nicht zu
           langsam, nicht zu schnell. Nicht schlecht.

Ochs:      Ich meinte eigentlich nicht, was du als Musik-
           kritiker von ihnen hältst – obwohl ich natür-
           lich von deinem Sängerwettstreit mit dem
           Kuckuck gehört habe. Ich meine, warst du zu-
           frieden mit dem, was sie gemacht haben?

Esel:      Jaha – eigentlich schon. Warum fragst du?

Ochs:      Na, ich war's eben nicht. Ich finde, hübsch
           singen und nett aussehen ist ein bisschen we-
           nig für Boten Gottes. Vor allem hier in diesem
           Stall!

Esel:      Wieso?

Ochs:      Na, für dich und mich ist der Stall schon ganz
           in Ordnung. Aber für das Kind? Und für Ma-

| | |
|---|---|
| | ria und Josef? Findest du nicht, da hätten die Engel etwas unternehmen müssen?! |
| Esel: | Darüber habe ich noch nicht nachgedacht. *(nach einer Weile)* Wenn ich es mir recht überlege, sind Engel doch nur Boten Gottes wie Briefträger. Sie tun, was Gott ihnen aufträgt, nicht mehr und nicht weniger. Ein Briefträger kann auch nur Briefe austragen, wenn andere sie geschrieben und abgeschickt haben. |
| Ochs: | *(überlegt eine Weile)* Also, das mit dem Briefträger leuchtet mir ein. Die Engel können also nichts dafür, dass das Kind hier im zugigen Stall liegt, dass Maria kein Bett hat, nur altes Stroh, und dass Josef überhaupt nicht weiß, wo er sich hinlegen könnte. |
| Esel: | Nein, da können die Engel nichts dafür, das soll wohl so sein. |
| Ochs: | Dann sind die Engel unschuldig, in Ordnung. Aber: Warum schreibt Gott dann keinen anderen Brief, um in deinem Bild zu bleiben. Warum sollen die Engel dann hier bloß fromme Lieder singen? |
| Esel: | Was hätten sie denn deiner Meinung nach tun sollen? |
| Ochs: | Na, den Stall in einen Palast verwandeln, die Krippe in eine goldene Wiege. Maria hätte ein seidenes Bett bekommen müssen und Josef natürlich auch. Und zur Stärkung hätten die beiden ein Festmahl bekommen. Dazu hätten die Engel dann meinetwegen auch singen können. |
| Esel: | Als Tafelmusik sozusagen. |
| Ochs: | Genau. Und das Kind hätte Berge von Spiel- |

|  | zeug bekommen, damit ihm nie langweilig wird. Und eine Duftlampe hätten sie angezündet, damit himmlische Wohlgerüche den Raum erfüllen – und nicht der Gestank, den wir beide hier verbreiten. |
|---|---|
| Esel: | Findest du wirklich, dass wir stinken? Also, ich habe mich bisher immer ganz wohl gefühlt. |
| Ochs: | Ich wollte dir nicht auf den Schlips, äh, ich meine natürlich auf den Schwanz treten. |
| Esel: | Ist schon gut. |
| Ochs: | Für uns ist der Stall ja in Ordnung. Aber für dieses Kind?! Da wäre mein Palast doch besser! Außerdem soll das Kind doch ein König sein! |
| Esel: | Ich weiß nicht. Natürlich ist das hier nicht ideal. Aber einen Vorteil hat das hier doch. |
| Ochs: | Nämlich? |
| Esel: | Na, niemand hat Angst davor, in einen Stall hineinzugehen, selbst die Allerärmsten nicht. Aber kannst du dir vorstellen, dass die Hirten zum Beispiel, die gestern da waren, in deinen Palast gekommen wären? Die hätten sich bestimmt nicht über die Schwelle getraut. Unverrichteter Dinge wären sie wieder abgezogen! Und das, obwohl doch Engel sie geschickt hatten. |
| Ochs: | Wahrscheinlich hast du Recht. Ich selbst fühle mich ja auch eher hier zu Hause als in einem Palast. Aber trotzdem, ob wir der Maßstab sind – Ochs und Esel – und Leute, die sich in Ställen zu Hause fühlen? |
| Esel: | Offensichtlich, sonst hätte Gott sich ja deinen Palast für die Geburt seines Sohnes aussuchen können. Und das hat er nun einmal nicht getan. |

| | |
|---|---|
| Ochs: | Eine Frage habe ich jetzt aber doch noch. |
| Esel: | Und die wäre? |
| Ochs: | Warum hat Gott die Engel geschickt? Wo sie doch nur singen durften, meine ich. |
| Esel: | Du meinst, das sei eigentlich überflüssig gewesen? |
| Ochs: | Na ja, viel geändert hat sich doch durch ihre Anwesenheit nicht, oder? |
| Esel: | Na, immerhin hätten wir ohne die Engel bestimmt nicht so darüber nachgedacht, warum das Kind in einem Stall geboren ist – und nicht in einem Palast. Wir hätten vielleicht gar nicht gemerkt, dass Gott gerade zu uns, zum Ochsen und zum Esel, und zu den Leuten, die sich in Ställen zu Hause fühlen, gekommen ist. |
| Ochs: | Dann wäre das der Brief, den Gott uns geschickt hat? |
| Esel: | Genau! |
| Ochs: | Lieber Esel, du solltest Theologe werden. |

Angelika Nothwang

# Oh, du schöne Weihnachtsfreude

Weihnachtsspiele

# Die Tür zur Weihnacht

Dieses Spiel soll den Kindern verdeutlichen, was es bedeutet, wenn es in Weihnachtsliedern heißt »Machet die Türen und Tore weit auf« und »Macht hoch die Tür« etc. Die Advents- und Weihnachtszeit ist die Zeit der offenen Türen. Was können Kinder tun, um ihrerseits auch eine Tür zu öffnen?

*Eine Tür wird mit Kartons »zugemauert«. Dahinter sollen brennende Kerzen, ein Adventskranz mit brennenden Kerzen oder vielleicht sogar ein Lichterbaum stehen. Aber – die Kartons trennen von dem Licht – die Tür zur Weihnacht ist noch verschlossen.*

| | |
|---|---|
| 1. Kind: | Es ist Advent – die stille Zeit . . . |
| 2. Kind: | . . . und Weihnachten ist nicht mehr weit. |
| 3. Kind: | Wir warten, dass bald Weihnacht werde . . . |
| 4. Kind: | . . . für alle Menschen auf der Erde. |
| Alle: | Macht alle eure Türen auf<br>hier in der Stadt, landab, landauf! |
| 5. Kind: | Die Türen müssen offen sein . . . |
| 6. Kind: | . . . bei allen Menschen, groß und klein. |
| 7. Kind: | Das Weihnachtslicht mit hellem Schein . . . |
| 8. Kind: | . . . kehrt dann erst in die Häuser ein. |
| Alle: | Drum sagen wir, singt alle mit<br>bei unserm Weihnachtstürenlied! |

Wir ma-chen uns-re Tü-ren auf, da-mit sie
al-le of-fen stehn, und war-ten leis und
froh da-rauf, das hel-le Weih-nachts-licht zu
sehn. 1. Wenn ich mich nicht mit dir streit
und dir sag „Es tut mir Leid", dann öff-net sich, es
ist nicht schwer, die Tür zur Weihnacht immer mehr.

2. Wenn ich lieb und artig bin
und die Tannenzweige bring,
dann öffnet sich, es ist nicht schwer,
die Tür zur Weihnacht immer mehr.

3. Wenn ich dir was Schönes schenk
und mal nicht an mich nur denk;
dann öffnet sich, es ist nicht schwer,
die Tür zur Weihnacht immer mehr.

4. Wenn ich mich auch nicht mehr rauf
und nicht so viel Süßes kauf,
dann öffnet sich, es ist nicht schwer,
die Tür zur Weihnacht immer mehr.

5. Wenn ich Oma oft besuch,
und auf niemanden mehr fluch,
dann öffnet sich, es ist nicht schwer,
die Tür zur Weihnacht immer mehr.

6. Wenn ich dich nicht immer stör
und auch manchmal auf dich hör,
dann öffnet sich, es ist nicht schwer,
die Tür zur Weihnacht immer mehr.

*Die Kinder singen, und bei jedem Refrain dürfen sie einen Karton oder mehrere Kartons – je nach Menge – von der Tür wegnehmen, bis die Tür offen ist und das Licht hell erstrahlt.*

Text: Elke Bräunling
Musik: Paul G. Walter

# Schneemannweihnacht

**Vorschlag zur Bühnengestaltung und zu Kostümen:**
Ein paar Tannen- und Fichtenbäume aus Pappendeckel oder
Kinder, die Bäume darstellen (stumme Rollen). Anfangs noch
kein Schnee. Die Schneeflocken können dann glitzernde
Papierschnitzel streuen, einige bringen weiße Tücher und brei-
ten sie aus. Die abnehmbare Schneemannnase ist eine karot-
tenrot gefärbte Papiertüte mit Gummizug, ähnlich die
Fichtenzapfen- und Eiszapfennase.

| **Personen:** | Erzähler |
| --- | --- |
| | Hase |
| | Schneemann |
| | Eichhörnchen |
| | Mehrere Schneeflocken |
| | Der Winterwind |
| | Maria |
| | Josef |
| | Eine Krähe |
| | Zwei bis drei Knechte des Herodes |

| Erzähler: | Die Sterne glitzern weiß und kalt. |
| --- | --- |
| | Ein Schneemann steht im Winterwald |
| | mit seiner roten Nase. |
| | Da kommt ein kleiner Hase. |
| Hase: | Hunger! Hunger! Ich hab solchen Hunger! |
| | *(sieht den Schneemann)* Aaahhh! Eine Rübe! |
| | *(greift hin)* Schenk mir deine Nase, Schnee- |
| | mann! |

| Schneemann: | *(schubst den Hasen weg)* Bist du überge-schnappt? Die brauch ich doch! |
| Hase: | Wozu brauchst du eine Rübe? Schneemänner essen keine Rüben! |

*Der Hase schnappt sich die Rübennase, beißt sich knackend ein Stück ab und rennt mit der angebissenen Rübe ab.*

| Schneemann: | He! Gib mir meine Nase zurück! *(Kleine Pause. Er reibt sich nachdenklich die Stelle, wo seine Nase war.)* Na ja, aber wenn ein Hase solchen Hunger hat ... *(er ruft dem Hasen nach)* Behalt sie nur! Ich such mir eine andere Nase! *(Der Schneemann sieht sich suchend um und erblickt einen Fichtenzapfen auf dem Waldboden.)* Aaah – da ist sie ja schon, meine neue Nase *(bückt sich und steckt sich den Fichtenzapfen als neue Nase ins Gesicht. Er rückt sie zurecht. Sie gefällt ihm. Zufrieden).* Sehr angenehm, so eine Fichtenzapfennase. Viel leichter als eine Karotte. Sehr angenehm. |
| Eichhörnchen: | *(kommt gehuscht)* Hunger! Hunger! Ich hab solchen Hunger! *(scharrt im Schnee)* |
| Schneemann: | *(zum Eichhörnchen)* Suchst du deine Nüsse? |
| Eichhörnchen: | Ja! *(scharrt emsig)* |
| Schneemann: | Die haben sich doch schon längst die Krähen geholt! |
| Eichhörnchen: | *(scharrt)* Was? Meine Nüsse? Und ich? *(schaut hoch, sieht die Fichtenzapfennase)* Ah! Deine Nase! Die kann ich ja auch essen! |

*Das Eichhörnchen schnappt sich die Zapfennase und beißt gierig hinein.*

| Schneemann: | Bist du übergeschnappt? Gib mir sofort meine Nase zurück! |

| Eichhörnchen: | *(knabbert weiter)* Wozu brauchst du eine Fichtenzapfennase? Schneemänner essen keine Fichtenzapfen. *(rennt mit dem Zapfen ab)* |
| Schneemann: | He – gib mir meine Nase zurück! Ich brauch eine Nase! Sonst kann ich nicht schnuppern, ob es schon nach Weihnachten riecht! *(schnuppert, reibt sich die Stelle, wo seine Fichtenzapfennase war)* Na ja – aber wenn ein Eichhörnchen solchen Hunger hat ... *(ruft dem Eichhörnchen nach)* Du kannst meine Nase behalten! *(nach einer Pause)* Ich brauch unbedingt eine neue Nase. *(sucht. An einem Baumast hängt ein Eiszapfen.)* Ah, da hängt ja ein Eiszapfen! *(bricht den Eiszapfen ab und setzt ihn sich als Nase ins Gesicht)* So. Sehr angenehm so eine Eiszapfennase. Die wird mir doch keiner wegessen. *(schnuppert)* Oh – ah – ich glaub, es riecht *(schnuppert)* schon ein bisschen nach Weihnachtsschnee ... |

*Schneeflocken kommen tanzend.*

| Schneemann: | Seid ihr schon der Weihnachtsschnee? |
| Schneeflocken: | Wir kommen direkt aus Weihnachten. Leise, leise, auf der Reise ist es schon, das kleine Kind. |
| Winterwind: | *(kommt)* Hui, hui, hui ... *(saust herum)* |
| Schneeflocken: | Doch im Wald ist es kalt, eisig bläst der Winterwind. |
| Winterwind: | *(saust herum)* Hui, hui, hui! |
| Schneemann: | *(hält seine Eiszapfennase fest)* He, blas mir nicht die Nase weg! Verschwind, Wind, verschwind! |
| Winterwind: | Hui, hui, huiiii! *(ab)* |

| | |
|---|---|
| **Hase u.** | |
| **Eichhörnchen:** | *(kommen frierend daher. Der Hase hat noch ein Stück Rübe in der Pfote, das Eichhörnchen ein Stück Zapfen.)* |
| | Hu – huuuu |
| | Hu – huuuu |
| **Schneemann:** | Hallo! Da seid ihr ja wieder! *(zum Hasen)* Du hast meine Rübennase ja gar nicht aufgegessen? |
| | *(zum Eichhörnchen)* |
| | Und du hast meine Fichtenzapfennase nicht aufgegessen? Habt ihr keinen Hunger mehr? |
| **Beide:** | Und was für einen! Aber es ist viel zu kalt zum Essen. Wir können ja nicht mehr beißen und knabbern, weil uns die Zähne vor Kälte klappern! Huuuu – *(sie zittern)* |
| **Schneemann:** | Da muss etwas geschehen. Da werden wir gleich Feuer machen. *(zupft sich die Kohlenknöpfe vom Bauch und legt sie zu einem Häufchen auf den Boden)* So . . . zum Glück hab ich immer ein Streichholz bei mir. |
| **Hase:** | Was? Ein Schneemann mit Streichhölzern? |
| **Schneemann:** | Ja, warum denn nicht? Es könnte ja einmal ein Christbaum vorbeikommen, dem die Kerzen ausgegangen sind. *(zieht eine große Stablampe mit einer roten Glühbirne hervor)* So. *(knipst sie an und legt sie zu den Kohlen, die jetzt glutrot schimmern)* |

*Hase und Eichhörnchen hocken sich, noch immer vor Kälte zitternd, ans Feuer.*

| | |
|---|---|
| **Schneemann:** | So. Und jetzt werden wir uns eine gute Suppe kochen. *(nimmt seinen blauen Kochtopfhut ab und stellt ihn aufs Feuer. Zu den Schneeflocken)* |

|  | Schneit ein bisschen hinein, damit wir für die Suppe Wasser haben! |
| Schneeflocken: | *(laufen herbei und lassen Papierschnitzel-schnee in den Topf rieseln)* |
| Hase: | Und ich werf meinen Rest Karotte hinein, das wird eine herrliche Suppe. *(tut es)* |
| Eichhörnchen: | Und ich leg meinen Zapfen auf die Kohlen, damit es besser brennt. *(tut es)* Hört ihr, wie es knistert? |

*Alle sitzen still. Man hört anheimelndes Feuerknistern. Dann werden stapfende Schritte und leises Reden hörbar. Kurz schreit ein kleines Kind.*

| Hase: | *(ängstlich) Was ist das?* |
| Eichhörnchen: | *(ebenso) Was ist das?* |
| Schneemann: | Pst! |

*(Alle horchen. Die Schritte und Stimmen werden lauter. Dann erscheinen Josef und Maria mit dem Kind im Arm.)*

| Schneemann, Hase u. Eichhörnchen: | *(nacheinander)* |
|  | Ja, wer kommt denn da? Wer kommt denn da? Wer kommt denn da? |
| Maria: | Bitte schickt uns nicht weg! Wir sind schon so müde. |
| Josef: | Wir sind heute schon seit ganz frühmorgens gewandert, aber hier ist es überall so kalt. |
| Maria: | Und niemand erbarmt sich und nimmt uns ins Haus. |
| Schneemann: | Kommt nur, kommt nur, ihr Leute! Setzt euch ans Feuer und wärmt euch. Die Suppe ist bald fertig. |

*Die Familie setzt sich ans Feuer.*

| Schneemann: | (zu den Schneeflocken) Tanzt ihnen ein bisschen was vor, bis die Suppe fertig ist. |

*Schneeflockentanz*
*Plötzlich Krähengekrächze, das immer lauter wird. Eine Krähe erscheint mit Gekrächz und Flügelgeflatter.*

| Krähe: | Die Knechte des Herodes kommen! Sie werden bald da sein! Krah, krah! Sie wandern schon den Berg herauf! |
| Maria: | Ach Gott! Ach, mein Gott! (*Sie drückt das Kind an sich.*) |

*Josef steht auf.*

| Josef: | (*sanft zu Maria*) Komm, wir müssen weiter! |

*Maria steht auch auf.*

| Schneemann: | Wo wollt ihr denn hin? |
| Maria: | Wir müssen weiter! Herodes wird sonst unser kleines Kind umbringen und uns wahrscheinlich auch! |
| Schneemann: | So geht das nicht. Ihr könnt nicht so schnell laufen. Und die Knechte sind stärker und ausgefressen und bestimmt nicht hungrig. Ich weiß was Besseres. Habt nur Vertrauen zu mir. |
| Josef: | Aber du bist doch nur ein Schneemann! |
| Maria: | Weißt du, Josef, vielleicht kann er uns doch helfen. |
| Schneemann: | (*beschwörerisch*) Ich bin nur ein Schneemann, aber ich bin aus Sternen gemacht. Mit den Knechten werd ich schon fertig! |

*Man hört die Knechte kommen.*

| | |
|---|---|
| Schneemann: | Schnell, versteckt euch alle hinter mir! Ich bin ja ganz schön dick. |
| Erster Knecht: | Du, Schneemann, hast du vielleicht Leute mit einem neugeborenen Kind gesehen? Sind da welche vorbeigekommen? |
| Zweiter Knecht: | Geh, das ist doch nur ein blöder Schneemann. Wie soll der das wissen! |

*Schneemann schweigt und stellt sich dumm. Der Knecht stößt ihn um. Der Schneemann fällt auf die Familie. Die Knechte gehen suchend um ihn herum, aber die Gesuchten sind vom Schneemann und von den um die Knechte herumtanzenden Schneeflocken verdeckt. Knechte bald ab.*

| | |
|---|---|
| Erster Knecht: | *(zum andern)* Komm schon, hier sind sie nicht! *(beide ab)* |
| Schneemann: | *(rappelt sich auf)* He – ihr, die Gefahr ist vorbei! Die Knechte vom Herodes sind schon weg! |
| Schneeflocken: | *(die die Familie zugedeckt haben, öffnen ihren Reigen)* Pst! Sie schlafen! |

*Sichtbar wird eine schlummernde Familie, dazu kuscheln sich Hase und Eichhörnchen.*

| | |
|---|---|
| Schneemann: | *(zu den Schneeflocken)* Deckt sie wieder zu, damit sie nicht frieren und damit die Knechte vom Herodes sie nicht finden! |
| Krähe: | Ich bin eine arme, frierende Kräh und such gerne Menschennäh. *(kuschelt sich auch dazu)* |

*Die Schneeflocken bewegen sich langsamer und decken alles zu. Leise Musik.*

*Der Schneemann setzt sich den Kochtopf wieder auf, stellt sich neben dem Schneehügel wie ein Wächter auf.*

Erzähler:         Herodes' Knechte sind frech und verrucht
und die Armen sind stets auf der Flucht.
Aber der Schnee ist aus Sternen gemacht.
Ich wünsch euch eine gute Nacht.

Friedl Hofbauer

# Stille-Nacht-Party unter der Erde

**Bühnenbild:** In der Nähe der Spielfläche steht eine Bank, in unmittelbarer Nähe ein Mülleimer, dahinter Schilder, Plakate und Ähnliches, woraus hervorgeht, dass wir uns im U-Bahn-Bereich befinden. Im Vordergrund liegen die Reste einer eilig abgebrochenen Straßenverkaufsaktion: eine geknickte Werbetafel, vielleicht ein paar Flugblätter, weiße Styroporkringel, wie sie oft als Schaufensterdekoration verwendet werden, und auf jeden Fall einige große, goldene Pappsterne mit Kometenschweif.

**Personen:**   Chris, ein junger Mann
Albert
Eine alte Frau
Ali, ein Zeitungsverkäufer
Ein Mann
Seine Frau
Ein schlafendes kleines Kind

Chris:   *(einen zusammengeschnürten Schlafsack tragend – sonst kein Gepäck! –, sich umsehen daherzstelzend, zufrieden)*
Herrliche Ruhe, daherunten! *(hebt einen Pappkometen auf)* Alle sitzen schön zu Hause, stopfen sich mit Vanillekipferln voll und haben einander lieb.
Brav, brav. Aber ohne mich, bitte. *(wirft den Schlafsack Richtung Bank, setzt sich auf die*

|            | *Bank und streckt die Beine aus)* So, und da |
|------------|-----|
|            | sitz ich jetzt . . . Bis übermorgen. |
| Albert:    | *(kommt mit einer großen Plastiktüte in der ei-* |

*Bank und streckt die Beine aus)* So, und da sitz ich jetzt . . . Bis übermorgen.

**Albert:** *(kommt mit einer großen Plastiktüte in der einen Hand, in der anderen einen goldenen Pappkometen, eine Flasche ragt aus der Tasche seines Sakkos. Er ist jedoch keine Spur betrunken. Auch er sieht sich zufrieden um)* Ah! Endlich ist Ruhe hier. Jetzt werden wir zuerst einmal ein bisschen Verschönerung anbringen . . . *(will mit dem Stern zur Bank und entdeckt Chris)* – He! Da sitzt ja wer auf meiner Bank!

**Chris:** *(rutscht blitzschnell ans Ende der Bank und zieht die Beine an)* Ham Sie sie gekauft? Na, dann werd ich sofort aufstehen, wenn die Ihnen gehört! *(bleibt mit angezogenen Beinen in der Luft sitzen und sieht Albert mit weit offenem Mund und aufgerissenen Augen affektiert an).*

**Albert:** *(nach einem Augenblick)* Natürlich hab ich sie gekauft! Aber *(geht mit lauernden Schritten auf das leere Ende der Bank zu)* du musst es nur sagen, wenn sie jetzt . . . *(legt mit ausgestrecktem Arm eine Handfläche auf die Bank)* . . . dir gehört! *(Er reißt die Augen auf, verdreht sie so, dass möglichst viel vom Weißen zu sehen ist, und lässt seine Zunge aus dem Mund hängen. Die beiden bleiben vorläufig in dieser Patt-Stellung.)*

*Eine Stimme ist zu hören, die singt:* ». . . da liegt nun das Kindlein, auf Heu und auf Stroh, Maria und Josef . . .«

| | |
|---|---|
| Alte Frau: | *(tritt auf. Sie trägt ein Kopftuch und eine große Handtasche. Sie ist es, die singt. Sie singt vor sich hin und entdeckt den Müll- und Kometenhaufen, nimmt, immer noch singend, einen Kometen)* ». . . betrachten es froh, der Ochs und der Esel« – *(in diesem Augenblick bemerkt sie die beiden, die immer noch reglos verharren. Nach kurzem Zögern setzt sie sich in die Mitte der Bank, da dort eigentlich sehr viel Platz ist, und schaut angestrengt auf ihren Stern.)* |

*Die beiden lösen sich aus ihrer Erstarrung und schauen auf die alte Frau. Diese merkt die Blicke, wendet unsicher den Kopf hin und her, aber nicht so weit, dass sie die beiden ansehen müsste. Dann sieht sie doch erst auf Albert, dann auf Chris. Die beiden schauen, jedoch nicht die alte Frau an, sondern fixieren den Stern, den sie auf dem Schoß hält.*

| | |
|---|---|
| Alte Frau: | Ganz schön viele Sterne liegen heute herum, so einfach auf der Straße . . . kann man doch nicht einfach liegen lassen . . . |
| Chris: | Alles zum Wegschmeißen, die Sterne, die verstorbenen Fische am Tisch, sinnloses Zeug in hässliches Papier gewickelt . . . zum Kotzen – |
| Alte Frau: | *(erbost)* Versündig dich nicht! Wir in eurem Alter wären froh gewesen über ein Stück Karpfen zu Weihnachten, wir waren froh, wenn wir zu den Feiertagen wenigstens ein paar Stunden heizen konnten! Und wenn einer ein Ei gebracht hat, war das ein Fest! |
| Chris: | Mir kommen die Tränen. |
| Alte Frau: | *(schreit fast)* Und zum so . . . Herumsitzen haben wir keine Zeit g'habt . . . Da war der Krieg da – |

| Chris: | Der Krieg, der Krieg, ich kann nichts dafür, dass ich den Krieg nicht erlebt hab. |
|---|---|
| Albert: | Heute Abend ist Friede, verstanden! |
| Zeitungsverkäufer: | *(tritt auf. Er trägt zwei verschnürte Packen Zeitungen und schimpft vor sich hin)* Zu Weihnachten will niemand Schreckensmeldungen lesen! *(knallt die beiden Packen auf den Boden und betrachtet sie schmerzvoll)* |
| Albert: | He, Ali, mein Freund, komm her! Wir sitzen da gerade so gemütlich zusammen, ein paar Freunde, und feiern Weihnachten! |
| Zeitungsverkäufer: | *(dreht den Kopf zur Bank hin)* Guten Abend. He, Albert. |

*Chris und die alte Frau rücken spontan zusammen, im nächsten Augenblick rückt die alte Frau von Chris weg und beide nehmen eine abweisende Haltung Ali gegenüber ein. Ali bleibt stehen.*

| Albert: | Du musst dir schon einen Stern dort holen, das gehört dazu, zu unserer Party! *(Er steht auf, holt noch einen Kometen, drückt ihn Ali in die Hand, legt die Hand auf dessen Rücken und schiebt ihn zur Bank.)* Los, komm! Die Bank gehört zwar jetzt unserem jungen Freund, er hat sie nämlich vorhin gekauft. Aber ich kauf sie ihm jetzt ab. Damit! Pass auf! Hokus, pokus . . . *(er greift in den Müllkorb, zieht ein schön verpacktes Päckchen mit einer Schleife hervor und überreicht es Chris)* Und Sie, gnädige Frau, haben doch soeben noch gesungen – wie war das – *(singt)* Ihr Kinderlein, kommet, so kommet doch all . . . |

*Da Albert wirklich schön singt, singt die alte Frau mit. Auch Chris brummt mit, vorgebend vom Text keine Ahnung zu haben. Sie singen das Lied mit zwei bis drei Strophen, während Ali, interessiert und zunehmend lächelnd, dieses fremde Kulturerlebnis studiert und dabei unbewusst an seinem Stern hantiert.*

Chris: Eine nagelneue CD! *(packt sie aus)* Wahnsinn, Mann, wo hast du die denn her!

*Albert zwinkert der alten Frau zu. Diese wird, ob sie will oder nicht, von Chris' Begeisterung ein wenig versöhnt und blickt nicht mehr ganz so böse zu ihm hin. Chris reißt die Packung auf.*

Chris: Na, ehrlich! He!

Albert: Du, nicht der Rede wert. Das hat vorhin einer im Vorbeigehen mir zugesteckt, »ich und meine Frau haben sie versehentlich gleichzeitig gekauft, zweimal brauchen wir sie nicht. Frohe Weihnachten ...« Der hat wahrscheinlich geglaubt, ich hab auf meiner Bank einen CD-Player eingebaut. – Verzeihung, auf deiner Bank – ah, nein! Eh auf meiner Bank. *(lacht)* »Meine Bank«, wie das klingt!

Ali: *(zu Chris)* Ich kann dir leider keine CD schenken!

Chris: Ich will keine Geschenke, da hätt ich nämlich daheim bleiben können. Vanillekipferln vernichten, mit meinen Lieben. Setz dich endlich, wir sind nicht in Südafrika ... ich meine, bevor der Mandela Präsident wurde.

Alte Frau: Ich verstehe nichts von Politik, aber weil Sie was von Vanillekipferln gesagt haben ... *(öffnet ihre Handtasche und raschelt)*

| | |
|---|---|
| Chris: | Das darf doch nicht wahr sein! |
| | *(nimmt gierig ein paar Vanillekipferln und stopft sie in den Mund. Amüsiert, mit vollem Mund, in plötzlicher Eingebung gemeinsam mit Albert)* |
| Chris u. Albert: | Stopf! Stopf! Stopf! |

Alle werden von der alten Frau mit Vanillekipferln versorgt, auch Ali, weil sie es Angesicht zu Angesicht nicht schafft und auch plötzlich keinen Grund hat, ihm nichts zu geben. Stimmen werden laut. Sie sprechen nicht deutsch. Im Idealfall ist das nun auftretende Paar – ebenso Ali – mit Jugendlichen besetzt, die eine Gastarbeiter oder Asylanten repräsentierende Fremdsprache beherrschen. Sollten keine solchen Jugendlichen für das Spiel verfügbar sein, so gehört es zum Spielen dieses Stücks, ein paar Sätze in einer solchen Sprache gelernt zu haben.
*Stimmen des Paares*
Ali ist aufgesprungen. Ein Mann und eine Frau treten auf, einer von ihnen trägt ein schlafendes Kind. Das Kind soll, wenn möglich, ein richtiges Kind sein und keine Puppe, auch wenn es dann ein älteres ist. Zwischen Ali und dem Mann entsteht ein aufgeregter Wortwechsel. Sie streiten laut, wobei Ali eher versucht zu beschwichtigen. Zuletzt sagt

| | |
|---|---|
| Ali: | *(in der Fremdsprache)* Gib doch Ruh, du weckst ja sonst noch dein eigenes Kind auf! |
| Frau: | *(in der Fremdsprache zu dem Mann)* Er hat Recht. Er hat uns nichts getan! |
| Alte Frau: | Die bringen sich hier nur gegenseitig um! Das sollen sie sich dort ausmachen, wo sie herkommen. Aber nicht bei uns. |
| Chris: | *(punktend)* Und sie fanden keinen Platz in der Herberge! |

| | |
|---|---|
| **Alte Frau:** | *(schaut verblüfft zu Chris)* Da hast du Recht, ja, ich muss sagen, da hast du Recht ... |
| **Albert:** | *(ist inzwischen aufgesprungen und hat Kometen geholt, die er den beiden in die Hand drückt)* So, und jetzt setzt euch, alle miteinander! Auf unserer Bank wird nicht gestritten *(schaut zu Chris)*, nicht wahr? Bei uns ist auch schon der Mandela! |
| **Frau:** | *(in der Fremdsprache, verunsichert)* Was sagt er? |
| **Ali:** | *(in der Fremdsprache)* Nichts, ein Witz. *(zu den anderen)* Sie haben den Bus ins Flüchtlingsheim verpasst, sagen sie. |
| **Mann:** | *(betrachtet Ali aufmerksam. Dann, eine Speise aus einem Papier auspackend, die offenbar eine Spezialität aus Alis Heimatland ist, in der Fremdsprache)* Da ist was für dich! |
| **Ali:** | *(lächelt zum Einpackpapier hin)* Oh! *(nennt den Namen der Speise. Dann sagt er noch etwas zum Mann in der Fremdsprache: – übersetzt)* Hier wird es anders zubereitet als in meiner Heimat, aber es ist im Grunde fast dieselbe Speise. |
| **Mann:** | *(fordert Ali mit energischer Geste auf sich davon zu nehmen, in der Fremdsprache)* Nimm! |
| **Alte Frau:** | *(reicht ihre Vanillekipferln der Frau hin. Zu Ali)* Sagen Sie ihr, das sind Vanil-lekipf-e-l-n ... kipfl ... Vanillekipferln halt. |
| **Ali:** | *(zur Frau)* Vanillekipferln! |
| **Frau:** | Vanillekipferln! |
| **Mann:** | *(zustimmend brummend)* Vanillekipferln. |

| | |
|---|---|
| Chris: | Vanillekipferln! Und sie wurden Brüder! |
| Albert: | Aber damit ist das Schlafproblem noch lange nicht gelöst. Darüber sollten wir jetzt sprechen, nämlich bevor das Kind aufwacht. *(zu Chris)* Also, du ... gehst dann nach Hause ... |
| Chris: | Moment mal! Es wird doch noch genug Bänke geben. |
| Albert: | Wird es nicht, mein Junge, du hast dich nicht richtig umgeschaut ... es gibt kaum noch eine Bank in der U-Bahn, alles lauter Sessel, damit unsereins von der Bildfläche verschwindet ... glaub mir, ich weiß, wovon ich rede. |
| Chris: | Das ist ja entsetzlich! |
| Albert: | Das ist nicht entsetzlich, aber wer ein Bett hat, soll anderen die Bänke überlassen. |

*Währenddessen haben Ali und der Mann etwas miteinander besprochen. Ali schreibt etwas auf einen Zettel.*

| | |
|---|---|
| Alte Frau: | *(holt zwei Fünfzigmarkscheine hervor. Sie legt sie zu dem Kind, das mittlerweile auf die Bank gebettet wurde. Verlegen)* Ich weiß nicht, für ein Hotel wird das wahrscheinlich zu wenig sein ... |
| Ali: | Ich hab ihnen meine Adresse aufgeschrieben. *(Er legt einen Zettel und Schlüssel ebenfalls zu dem schlafenden Kind.)* Sie sollen mit dem Taxi hinfahren. Ich bleibe heute hier, bei meinem Freund Albert. Ich muss genau genommen in ... *(rechnet nach)* ... viereinhalb Stunden wieder hier sein, oben, auf der Kreuzung, das zahlt sich für mich nicht aus, jetzt noch zu Hause zu schlafen ... |

*Der Mann und die Frau wollen das Geld nicht nehmen.*

| | |
|---|---|
| Alte Frau: | Ich hab's selbst grad bekommen. Bei meinen Enkeln war ich feiern und dann ist noch wer gekommen, von der Firma, und ich hab gesagt, schon gut Kinder, ich bin eh schon so müde, und da hat mir mein Sohn die hundert Mark für ein Taxi gegeben – *(lacht)* Ich wollt's auch nicht nehmen und jetzt ist es gut, dass ich's genommen hab ... |

*Ali hat es den beiden schnell übersetzt. Die beiden nicken.*

| | |
|---|---|
| Mann und Frau: | Danke vielmals! |
| Alte Frau: | *(aufgeräumt)* Frohe Weihnachten! |
| Mann und Frau: | Danke vielmals! |
| Alte Frau: | Ach, entschuldigen Sie, Sie feiern doch gar nicht Weihnachten, oder? |
| Ali: | Nein, wir sind Muslim. |
| Alte Frau: | Entschuldigung! |
| Ali: | *(höflich)* Dafür, dass wir Muslim sind, müssen Sie sich nicht entschuldigen! |
| Chris: | *(ehrlich erstaunt zur Frau, die sich die Jacke auszieht)* Ist Ihnen so heiß? *(merkt, dass die Frau das Kind damit einwickeln will)* Warten Sie! *(nimmt seinen Schlafsack und legt ihn zum Kind. Eifrig)* Der ist auch eine Decke! Da kann man den Reißverschluss ganz aufmachen und ihn ausbreiten! *(zu Ali)* Erklären Sie's ihr bitte! Also, dann tschüss! *(will hastig gehen)* |
| Alte Frau: | Chris heißt du, Chris! Könntest du mich ein Stück nach Hause begleiten, ich hab Angst, da sind manchmal diese jungen Leute in der Passage ... Ich weiß schon, du bist auch jung, aber bei dir ist das was anderes ... |

| | |
|---|---|
| Chris: | Warum? |
| Alte Frau: | Na, dich kenn ich halt ... oder ... Entschuldigung, ich bin schon ganz durcheinander heute, irgendwie ist es so weihnachtlich da bei euch. *(fängt kurz zu weinen an, Ali gibt ihr ein Taschentuch, die alte Frau schnäuzt sich)* Danke, es war so schön bei euch! *(zu Chris, mit verstopfter Nase)* Ich wohn eh da ganz in der Nähe ... |
| Albert: | Dann fahrt doch alle mit dem Taxi! *(zu Chris)* Du auch. Das geht sich schon noch aus. |
| Alte Frau: | *(unterbricht die Aufbruchssituation)* Moment! Aber eines müssen wir noch tun! *(fängt an Stille Nacht, Heilige Nacht« zu singen)* |

*Die anderen, schon stehend, das schlafende Kind bereits auf dem Arm, sind zum Publikum gewandt und singen mit oder versuchen es.*

Anna Melach

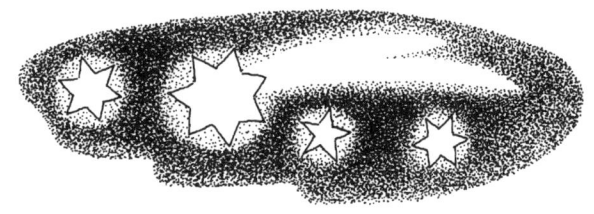

# Quellenverzeichnis

Bräunling, Elke/Walter, Paul G.: *Die Tür zur Weihnacht, Herbergssuche,* © Musikbär Verlag, Schriesheim.

Hofbauer, Fiedl: *Herbergspiel* aus: ders., »Minitheater«, © KERLE im Verlag Herder, Freiburg/Wien, 7. Auflage 1996.

Hofbauer, Friedl: *Schneemannweihnacht* aus: Friedl Hofbauer, Anna Melach, Alexander Melach, »Die Frösche von Bethlehem«, © Annette Betz Verlag im Verlag Carl Ueberreuter, Wien – München 1996.

Leskau, Mechthild: *Wie der Weihnachtsstern nach Betlehem kam* aus: »Musikpraxis – Arbeitshilfen für Musik in Kindergarten und Grundschule«, © Fidula-Verlag Boppard/ Rhein und Salzburg.

Melach, Alexander: *Hirtenlied* aus: Friedl Hofbauer, Anna Melach, Alexander Melach, »Die Frösche von Bethlehem«, © Annette Betz Verlag im Verlag Carl Ueberreuter, Wien – München 1996.

Melach, Anna: *Stille-Nacht-Party unter der Erde* aus: Friedl Hofbauer, Anna Melach, Alexander Melach, »Die Frösche von Bethlehem« © Annette Betz Verlag im Verlag Carl Ueberreuter, Wien – München 1996.

Nothwang, Angelika: *Warum die Engel im Stall nur singen durften,* © *Angelika Nothwang.*

Wieland, Lorenz: *Kleines Krippenspiel/Großes Krippenspiel* aus: ders., »Die schönsten Krippenspiele und Weihnachtsstücke«, © Falken Verlag, Niedernhausen 1998.

Wir danken allen Lizenzgebern für die freundliche Zustimmung zum Abdruck dieser Stücke.